UN VINTAGE

EN LA BASURA

OSMÁN AVILÉS

Un vintage en la basura

Osmán Avilés

Titulo original: *Un vintage en la basura*
© Osmán Avilés, 2020
© Primera edición, CAAW Ediciones, 2021
 caawincmiami@gmail.com

ISBN: 978-1-946762-17-7

Traducción: Josué Nieves Muñoz
Foto de cubierta: © Pixabay
Diseño de cubierta: © CAAW Ediciones

Este título pertenece a CAAW Ediciones.
CAAW Ediciones es la división editorial de Cuban Artists Around
the World, INC.

A mis padres

Exordio

La fotografía se descubre,
se escruta, se describe,
se fabula y se vive.

El mundo sería un caos
sin su existencia.

Nuestra humanidad
—tal como la conocemos—
disminuiría su ritmo.

El tiempo de exposición para retratos
sería el natural de la tradición pictórica.

No podríamos conocer
el perfil de nuestros ancestros,
habría que fiarse
de la aproximación pictórica
de los retratistas.

No se enmendarían los errores históricos
valiéndonos de la veracidad de las imágenes,
los retratos de personas y hechos
correrían a cargo de dibujantes y literatos.

No existiría el cine,
no sabría de los Lumière
ni de los *paparazzi*.
El teatro continuaría gozando de popularidad.

No me figuraría el rostro de Marilyn Monroe
como la conocimos
ni tendría idea de la lozanía
en nuestros artistas muertos.

No existiría el *flash* fotográfico
—no deslumbraría los ojos—.

Los catálogos de modas serían distintos
como la originalidad de la *National Geographic*...

Las portadas de las revistas serían aburridas,
sin *glamour*, ausentes de color,
se destacarían por el uso de grabados.

No hubiera existido Nicéphore Niépce,
el verdadero inventor,
tampoco las conspiraciones de Monsieur Daguerre
para ocultarle sus trabajos.

No sabríamos de los fotógrafos
que contribuyeron al elogio de la fotografía.

¡Qué opacos serían ordenadores y escritorios!
Y el chat sin nuestras imágenes...
No existiría el Photoshop
con sus formatos de archivo
ni el Picasa ni otros editores de Microsoft.

Y qué sería de los pósteres,
las campañas electorales o publicitarias...

Demasiados deseos sobre una imagen,
anoréxicas persiguiendo su ideal,
estimulados sexuales,
diabéticos hartándose con los ojos.
La señora gula entre los mortales.

El hombre siempre impaciente,
siempre ambicioso, siempre dependiente,
siempre solícito a perpetuar su belleza.

El hombre sin la amada foto.
El insoslayable apego a la fotografía.

EL NEGATIVO

La memoria no guarda películas, guarda fotografías.

Milan Kundera

Monsieur Daguerre

ha anunciado un invento para sus coetáneos.
El primer invento para los que tienen todo
y una perfecta sonrisa pensada en la fortuna.

Personas distinguidas quieren conocerlo
comienzan a salir de sus mansiones
vestidas de gala
buscan posar frente al inventor.

El señor de mostacho está de pie.
Junto a él la dama se retira el tul
se sienta en un mueble estilo Luis XV.

De las moradas vetustas prorrumpe el deseo.
Es un deseo marchito   contagiado de incredulidad
durará solo un día   tal vez dos
los días de la admiración por lo novedoso.

«El nombre para su invención es el daguerrotipo».
Dice el titular de la prensa
que coloco en el buzón de Monsieur Daguerre.

Escribir con la luz

A Luis Yuseff

Desde el principio estaban los alquimistas.
Así pensaban los hombres
que vieron nacer la daguerrotipia.

Tras su perfección le llamaron fotografía
y a sus inventores, científicos.

Rostros alegres de una pareja,
invitados a sus tertulias,
todos mostraban una vital sonrisa.

Hubo quienes se aventuraron
a ilustrar la guerra,
entonces las imágenes eran fúnebres,
verdaderos retratos bélicos.

Quienes conocieron el espíritu romántico de Talbot
se abrazaron a la esperanza,
a escribir con la luz el esplendor de una rosa.

Fotógrafo de guerra

*A Roger Fenton, Matew Brady y Javier López,
fotógrafos que documentaron
grandes conflictos bélicos*

I

Tiendas de campaña,
fogón en el campamento,
la milicia tomándose un descanso.

Un mangrullo y una carpa
interiorizan el lugar para mi faena.

Soy el fotógrafo,
personaje importante
dentro de la ofensiva.

Bandera, lanza, sable
Fusil, morrión, coraza
revólver, látigo y espuelas.

Son trofeos de guerra,
vestigios de la memoria
bajo el lente de mi cámara.

II

En el periódico

Guerras hubo siempre,
pero no documentadas en imágenes;
ya los héroes tienen rostro
y los muertos no son anónimos.

Espanta fotografiar
el hospital de sangre,
las trincheras de muertos,
un montón de cadáveres.

Y el general calibra su ego
en pose altiva,
las medallas en su uniforme,
sacuden el pecho de los fracasados.

Soy reportero de guerra.
Capitulo cada detalle de la hazaña.
Para mí no hay concesión.

La Reconcentración

I

Hay fotos que no se pueden describir,
páginas de la historia
que arredran dolor.

Los niños enjutos,
apenas vestidos
se miran los huesos.

Cosechas perdidas,
hambruna y enfermedades,
condenados a morir.

El capitán general se proclama
en contra de los independentistas
creciéndonos las calamidades.

II

Santa Cruz de Tenerife

No entiendo por qué esta plaza
lleva el nombre de un sanguinario
y en su centro
una estatua se erige en su honor.

A este capitán general
se le debería borrar
cada una de sus medallas,
destronarlo de su pedestal.

Negarle la palabra,
el derecho a la expresión,
a un posible alegato.

La historia se cuenta diferente
de un lado a otro del Atlántico.

La sucesión

Agrego fotos al álbum,
consideraciones de otros poetas
por el gusto de presenciar una imagen.

Ahí está Dulce María Loynaz
mirando los ojos de Delmira Agustini
en un retrato de su biblioteca.

Y Raúl Hernández Novás,
el poeta suicida,
ante un *portrait* de Dylan Thomas.

La instantánea continúa su luz
como cielo de estrellas
en las personas muertas.

También Julia de Burgos observa su foto
—que habría de enviar a su isla—
rizada por el viento y pintada por el sol.

Me gusta la poética en la fotografía
y quién sabe si algo más agudo,
la fotografía de los poetas muertos.

Cuando llega el sombrero...

—adagio—

A cientos de kilómetros
está la finca de la familia
y el tío portador de la Bioflex.

Cámara ansiada por un niño.
Señora que conquista su corazón
con un guiño de lente.

Desde la altura del pecho
se enfoca la imagen
                    la nitidez
entre los dedos en círculo.

Hay que viajar muchas horas
para retratar los sueños.
Ser propietario de una cámara
es el sueño más largo del niño.

Primero llega la alcancía.
Mes por mes una moneda
con que provocar la esperanza…

Ahora no encuentro una Bioflex en las tiendas.

Cuando llega el sombrero ya no hay cabeza.

«Hombre prevenido vale por dos»

afirma el fotógrafo,
cuando dispara el obturador
y en lugar de una bala salta la luz
que por un instante ciega al hombre
sentado frente a la cámara.

Fotogénico

Su dicha estriba en quedar bien
y encima tener un bonito nombre
considerándose la persona
que lleva la foto en sus genes.

«Yo no soy fotogénico»

Injusto eufemismo fotográfico
que escucho a cada hora
la ilusión de una instantánea
evocando a los bien parecidos.

El lente de la cámara

Abro a la par de un sonido.

Cabe el paisaje en vista panorámica.

Sí me gustan las sonrisas.

Y la de Julia Roberts como póster.

Son caras las visitas a museos.

No importa si son de cera.

Alejo las arrugas del anciano.

Veto la foto movida.

Si no cierro es porque hay que cambiar pilas…

Efecto de ojos rojos [1]

Virus de la cámara compacta
que en ambientes de poca luz
transforma el color de mis ojos.

---

[1] Nada discretos, mis ojos generosos son la esperanza de representantes, quienes buscan una imagen diferente para la nueva línea de cosméticos.

EL REVELADO

La fotografía es un secreto de un secreto.
Cuanto más te dice, menos sabes.

Diane Arbus

El día en que se estrenó el daguerrotipo en La Habana

Es 5 de abril de 1840. El periódico celebra la llegada del primer daguerrotipo a La Habana.

La primera imagen tomada desde un lugar muy cerca de la Plaza de Armas. Unos cuantos sensacionalistas se han reunido allí para saludar el último gran invento que ha dado nuevo rumbo a la civilización humana.

Algunas señoras acompañan a sus esposos, también a ellas les gustaría posar en la torre del Palacio del Segundo Cabo, o mejor, en uno de sus salones lujosamente decorados. «Le premier homme et la premier femme avec une daguerrotipe dans L´ Havane», musita una dama con aire de vanidad, incitando al caballero a consentir su capricho.

Los señores comentan el estado de deterioro de cómo llegó el aparato: «láminas metálicas manchadas, rotos los frascos de reactivos y el termómetro». Unos no entienden más que el nombre de las partes dañadas, pero hacen como si comprendieran lo que les dice el Excmo. señor D. Pedro Tellez y Girón.

A la reunión sobrevive un calesero, la memoria en un esclavo ahora liberto, casi a punto de morir. Y, sin otro testigo para la declaración que no fuere su conciencia, deja caer el retrato de sus patronos, sentados en la calesa, la tarde en que se hicieran el primer retrato de una mujer y un hombre en La Habana.

Frente a una antigua imagen

A Fray Danisandro Sánchez

¿Qué pensará esta mujer desconocida, alejada del tiempo, en su salón antiguo, donde cada objeto percibe una historia? Fijada está a su pensamiento, nostálgica, con una quietud tal vez a punto de dimitir. No su pudor ni su gran vestido.

Hay un falso silencio en el color sepia. Brilla su mantilla preciosamente bordada sobre la que se descubren los aretes. Un anillo (de compromiso) en su mano derecha puede ser la causa de su expectación y el jarrón con rosas, vestigio de auroral primavera.

Yo hubiera dibujado en este retrato al hombre de su desvelo. En la antigua rinconera su imagen, no importa si se tratare de una pintura. El hombre que, uniformado con charretera e impetuosidad, irradia de sus ojos la ilusión y esperanza en el futuro.

Pero la mujer parece triste. Yo quisiera sacarla de ese estatismo, arrancarle en pedazos el llanto ahogado en su desesperanza. Pero ¿cómo hacerlo si no ladea su rostro, si esta mujer se retira al mundo de los desconocidos…? Ella conserva la mirada perdida, como arrastrada al vacío, poseída por alguna reflexión amarga.

Falso retrato del general paraguayo W. Robles

(A partir de una fotografía del mariscal francés E. F. Forey)

Esta fotografía será un señuelo. Lo descubrirá el historiador, cuando transcurran décadas y le pesen los espejuelos. Él se fijará mejor para comprobarlo y asentirá el aire denso, acumulado en una hábil argucia, hasta pronunciar el apelativo:

«trucada»

A simple vista, todo parecerá común, el general uniformado, la medalla que le distingue… pero al superponerla con la imagen del mariscal —la imagen verdadera—, cualquier niño podría marcar las diferencias, como proponen los maestros en los libros didáctico-infantiles.

Recortar la cara de Robles, superponerla sobre la cara de Forey y borrar las medallas, es todo el ardid del fotógrafo francés, Carlos Roever, autor de una de las primeras fotos trucadas en el mundo.

En medio del escándalo, otros fotógrafos, virtuosos en su profesión, aprenderán del engaño.

Y, despejado el horizonte, seguirán ese sendero.

La cámara oscura

En la Plaza Vieja del Centro Histórico de La Habana hace unos años inauguraron un edificio conocido como el «de la cámara oscura». El nombre le viene dado por el instrumento óptico que proyecta imágenes exteriores a través de los rayos luminosos que entran por un orificio a la sala cerrada.

Mar y cielo azul, un barco entrando en la bahía, la imagen del Cristo acogiendo a cubanos y foráneos, edificios coloniales, columnas y capiteles, balaustres de ventanales y balcones, sábanas colgadas a tenderas, personas caminando alrededor de la fuente, un perro junto a su dueño… son las vistas que se dibujan en el entresijo del plato por donde corren las imágenes.

—¡Pura magia! —alcanza a exclamar un niño que mira tales proyecciones.
—La tatarabuela de la fotografía —digo yo en lenguaje que me entienda—. La misma que dio nombre a la conocida por «cámara fotográfica».

Travesura familiar

No tomas una fotografía. La haces.
Ansel Adams

«¡Tira!», piden los niños a su madre. Ella, con cámara en mano, desea perpetuar la recién descubierta felicidad: los parvulitos están bañados, bien peinados, vestidos y dotados de hermosura.

«Por qué no emplear el plural *tíranos*, si son los mismos hermanitos que una hora antes eran dos bolas de churre, resistentes a no bañarse, prestos a chillar…», piensa el anciano a la vez que busca infructuosamente sus espejuelos para leer el periódico.

«Tomaré la foto», dice la inocente madre al intentar corregir el lenguaje de sus pequeños, quienes sonríen, ocultando tras de sí los espejuelos del abuelo.

Un arbre millenaire

Le 4 mars
Salut, ma mère et toute la famille,
Je suis en Espagne, spécifiquement
à Tenerife, une île belle. J´ ai
decouvert une ville, la ville de mes
rêves, la vieille èglese San Marcos
et le drago, un arbre millenaire ici.
Je suis très content, mais je ne peux
pas vous oublier.
Une grande accolade depuis
Icod de los Vinos.

Antoine.

La meta era cerca de la plaza de San Marcos, en Icod de los Vinos, el pueblo del árbol milenario, que registró en sus memorias mi abuelo francés.

Los días parecían lejanos, pero su proximidad estribaba en la evocación del abuelo, afincado en este lugar del Atlántico, donde hizo su propia familia, la que seguiría nueva ruta de viaje por el Caribe.

Más al norte estaba el árbol, tan extendido hacia arriba; su tronco de tono gris, asombrosamente arrugado, parecía hecho de piedra. Si no fuese por las hojas verdes en lo alto de su copa, paraguas de corona misteriosa, lo creyera a punto de morir, un fantasma gravitando en ignorado purgatorio. Pero el árbol vivía desde que Dios plantó su florecilla en este jardín y aunque sangrase en ocasiones, su savia salvaba a los mortales, quienes la consideraban mágica, como su figura, resistente al paso de miles de vidas.

Hubo un tiempo en que su resistencia, símbolo de la villa, fue puesta a prueba y una avenida junto al tronco era cruzada por cientos de carricoches. La foto de mi abuelo mostraba su vehículo, un camión de pasajeros, junto al tronco de poco más de diecisiete metros, tal vez entonces más lozano, como de rostro juvenil.

Mi abuelo fue soñador y aventurero. De simpatía entrañable, alta estatura, ni grueso ni delgado, ojos profundos y con grandes bigotes, creía en la extraña belleza del drago. Cada vez que cruzaba por delante de él le silbaba, decía que a cada silbo suyo le nacía una flor blanca.

Este era el lugar de su foto, de su silueta, joven aún, bajo la posteridad del árbol.

Frente a un fotógrafo de estudio

A mi hermano Eduardo

Mi madre me dio un beso el día en que mi padre me llevara a un estudio fotográfico. Ellos planearon que al cumplir un año debía hacerme una foto junto al caballito de madera... Papá me observaba junto al fotógrafo, quien se esforzaba en hacer piruetas para que yo riera. También él entró en el juego. Demoré un poco para sonreír, pero tenía la ventaja que no tuvo mi hermano mayor, cuando celebraron sus seis meses y le tomaron una foto, donde aparece con ojos como rasgados y una sonrisa sin dientes. En cambio, yo, a los doce meses de nacido, pensé en ganarle, en expandir gradualmente los labios para mostrar mis nacientes molares. Entonces, con la mano izquierda, conseguí «decir adiós» y mientras esbozaba una sonrisa, la primera, se me abrió un par de huequitos en los cachetes.

El vintage en la basura

Alguien ha arrojado la Bioflex a la basura, mi recuerdo de la niñez, un puñado de ilusiones que fragmenta la luz, ese torso de la belleza que se rebela contra indolentes de mármoles antiguos.

Alguien ha arrojado la Bioflex a la basura y yo repruebo el *vintage* entre lo inservible, esos pedazos de sepia, escamoteados bajo el desamor de una estampa, siluetas de la alegría que transcurrió en el esbozo del tiempo.

Alguien ha arrojado la Bioflex, mi cámara insepulta, esos vestigios de plenitud. Yo extiendo mi mano sobre la impureza, lo colonial y lo sórdido, rescatando la visión más limpia...

An Antique
in the Trash

Osmán Avilés

To my parents

Exordium

Photographs are discovered,
scrutinized, described,
confabulated and lived out.

The world would be chaos
without their existence.

Humanity
—as we know it—
would slow its pace.

The exposure time for pictures
would follow the pictorial tradition.

We would not know
the build of our ancestors.
We would have to do with
the pictorial approximation
of portraitists.

Historical errors could not be amended,
we would rely on the veracity of images.
The renditions of people and events
would be entrusted to painters and literati.

Cinema would not exist,
the Lumières or the *paparazzi*
would be unknown.

Theater would continue enjoying its popularity.

The face of Marilyn Monroe, as we knew it,
would not exist,
nor would we have any idea of
the fresh look
of our dead artists.

Flash photography would not exist
—our eyes would not get dazzled—.

Fashion catalogues would be different,
like the originality found in *National Geographic* magazines.

Magazine covers would be dull,
without glamour, colorless;
they would be known for their engravings.

Nicéphore Niépce would not have existed,
the true inventor,
nor the conspiracies of Monsieur Daguerre
to hide his works.

We would not know of the photographers,
who contributed to the appraisal of photography.

Computers and desks would be so dull!
And chats without our images…
Photoshop would not exist,
with its many formats to save,
or Picasa, or other Microsoft editors.

And what would become of posters,
electoral campaigns, or advertisements?…

So many wishes weighing on an image,

anorexics pursuing an ideal,
sexual stimulation,
diabetics gorging their eyes.
Lady Gluttony among mortals.

Man, always impatient,
ambitious, dependent.
Always careful to perpetuate his beauty.

Man without his cherished pictures.
The unavoidable attachment to photography.

Negatives

Memory does not store movies, save pictures.

Milan Kundera

Monsieur Daguerre

has announced an invention for his contemporaries.
The first invention for those who have everything
and a perfect smile with thoughts of fortune.

Distinguished people want to meet him.
They begin to leave their mansions
in their gala dresses,
seeking to pose in front of the inventor.

The mustachioed man is standing.
Next to him, a lady removes her tulle
and sits on a Louis XV style couch.

Desire bursts from the ancient dwellings.
It is a withering wish, contaminated by incredulity
that will only last a day, perhaps two;
the days for admiration of novelties.

"The name of his invention is the daguerreotype,"
the headline of the newspaper reads,
which was placed in Monsieur Daguerre's mailbox.

Writing with Light

To Luis Yuseff

In the beginning, there were the alchemists.
That was how men thought,
those who saw the birth of the daguerreotype.

After being perfected, it was called photography,
and its inventors, scientists.

The happy faces of a couple
invited to their gatherings.
All of them showed a vital smile.

There were those who ventured
to capture war.
Then, the images were funereal,
true belligerent portraits.

Those who met the romantic spirit of Talbot
clung on to hope,
to write with light the splendor of a rose.

War Photographer

To Roger Fenton, Mathew Brady and Javier López,
photographers who documented
great war conflicts

I

War tents,
a bonfire at the camp,
soldiers taking a rest.

A lookout tower and a tent
interiorize the place for my duty.

I am the photographer,
an important character
within the offensive.

Banner, spear, saber,
rifle, helmet, breastplate,
revolver, whip, and spurs.

They are trophies of war,
vestiges of memory,
under the lens of my camera.

II

In the newspaper

Wars have always existed,
but not documented through images.
Now the heroes have faces
and the dead are not unknown.

It is frightening to take pictures
bloodied hospitals,
the trenches of the dead,
piles of corpses.

And the general calibrates his ego
in a haughty pose,
the medals on his uniform
make the chests of the defeated tremble.

I am a war reporter.
I capture each detail of the feats.
For me there is no concession.

The Reconcentration

I

There are pictures that cannot be described,
pages from history
that frighten and recall pain.

Gaunt children,
barely dressed,
look at their bones.

Lost crops,
famine and ailments,
condemned to die.

The Captain General proclaims himself
against the Independents,
leading to growing calamities.

II

Santa Cruz de Tenerife

I do not understand why this plaza
carries the name of a bloodthirsty fiend
and, in its center,
a statue is raised in his honor.

Each and every one
of this Captain General's medals
should be erased,
and his figure dethroned from its pedestal.

Denying him the words,
the right of expression
of a possible plea.

History is told differently
from one side of the Atlantic to the other.

Succession

I add pictures to the album,
other poets' considerations
for the pleasure of witnessing an image.

Dulce María Loynaz is there,
looking into Delmira Agustini's eyes
in a portrait in her library.

And Raúl Hernández Novás,
the suicidal poet,
before a portrait of Dylan Thomas.

The instant picture continues its light,
like a sky full of stars
shining on dead people.

Julia de Burgos also observes her picture
—that she would send to her island—
curled by the wind and painted by the sun.

I like the poetic in photography,
and who knows if something more acute,
the photography of dead poets.

"When the hat arrives..."

—adagio—

Hundreds of kilometers away
is my family's farm
and my uncle with the Bioflex.

A camera desired by a child.
A lady who conquers his heart
like a wink from a lens.

From above the chest,
the image is focused,
the sharpness,
between fingers that form a circle.

You must travel many hours
to capture your dreams.
To be the owner of a camera
is the most enduring dream of a child.

First, the piggy bank arrives.
Month after month, a quarter,
something to entice hope...

Now, I cannot find a Bioflex at stores.

When the hat arrives, there is no head left.

"A forewarned man is worth twice as much"

the photographer affirms
as he fires up the shutter
and, instead of a bullet, light leaps out
that, for an instant, blinds the man
seated in front of the camera.

Photogenic

His luck consists in looking well
and, on top of that, having a pretty name,
considering himself the person
who carries the photograph in his genes.

"I am not photogenic"

Unjust photographic euphemism
that I hear time and again.
The illusion of an instant picture
that evokes the gorgeous ones.

The Camera Lens

I open with a sound.

The landscape fits in a panoramic view.

Yes, I like smiles

And Julia Roberts' as a poster.

Going to the museum is expensive.

It does not matter if they are wax museums.

I remove the old person's wrinkles.

I veto the moving picture.

If I do not close, it is because the batteries must be replaced…

Red-eye effect [1]

Virus of the portable camera
that, in a place without much light,
transforms the color of my eyes.

[1] Not discrete at all, my generous eyes are the hope of representatives who search for a different image for their new line of cosmetics.

DEVELOPED

A photograph is a secret about a secret.
The more it tells you, the less you know.

Diane Arbus

The Day when the Daguerreotype was revealed at Havana

It is April 5th, 1840. The newspapers celebrate the arrival of the first daguerreotype to Havana.

The first image taken from a place very close to the Plaza de Armas. Some sensationalists have met there to greet the latest great invention that has led humankind in a new direction.

Some ladies accompany their husbands, they would also like to pose at the tower of the Palacio del Segundo Cabo or, better yet, in one of those luxuriously decorated halls. "Le premier homme et la première femme avec un daguerréotype à La Havane," a lady whispers with an air of vanity, inciting the gentleman to comply in her fancy.

The gentlemen comment on the state of disrepair in which the device arrived: "stained metallic films, broken reagent bottles and thermometer". Some of them only understand the name of the damaged parts, but they feign they understand what His Excellency Don Pedro Téllez y Girón tells them.

The meeting is survived by a coachman and the memory of a now free slave, on the verge of death. And, with no other witness for the declaration besides his conscience, he lets the portrait of his masters, seated at the carriage the evening when the first picture of a woman and a man in La Havana was taken, fall.

In front of an ancient image

To Bro Danisandro Sánchez

What will this unknown woman think, removed from time, in her ancient hall, where each object perceives a story? She is affixed to her thoughts, nostalgic, with a stillness that she is perhaps about to resign. Not her modesty nor her grand dress.

There is false silence in sepia color. Her shawl shines, preciously embroidered, on top of which the hoops may be discovered. A ring (an engagement ring) on her right hand could be the cause of her expectations and the jar of roses, vestige of an auroral spring.

I should have drawn in this portrait the man of her sleepless nights. In the old corner table his image, it does not matter if it is only a painting. The man who, dressed in his uniform with epaulettes and impulsiveness, irradiates illusion and hope for the future in his eyes.

But the woman seems sad. I would like to take her out of that statis, break apart her cries drowned in hopelessness. But, how to do it if her face does not waver, if this woman leaves for the world of the unknown…? She preserves her lost stare, as if dragged to the void, possessed by some bitter reflection.

False Portrait of the Paraguayan General W. Robles

(From a photograph by the French Marshal E. F. Forey)

This photograph will be alluring. A historian will discover it, when the decades pass, and his glasses weigh on him. He will focus better to prove it and the dense air will assent, accumulated in skillful sophisms, until he pronounces the epithet:

"manipulated"

To the naked eye, everything will seem common, the uniformed general, the medal that distinguishes him… but on superimposing it with the image of the Marshal—the real image—, any child could notice the differences, like teachers in educational books for children propose.

To cut off Robles' face, superimpose it over Forey's face and erase the medals, is all a ruse of the French photographer Carlos Roeve, author of one of the first manipulated images in the world.

In the midst of scandal, other photographers, virtuosos in their craft, will learn from this deception.

And, with a clear horizon, they will continue that path.

Camera Obscura

In the Plaza Vieja of the Centro Histórico of Havana, a few years ago a building was inaugurated, known as the one "with the obscure camera." The name comes from the optical instrument that projects exterior images through the luminous rays that enter from an orifice to a closed room.

Blue sea and sky, a ship entering the bay, the image of Christ welcoming Cubans and foreigners, colonial buildings, columns and capitals, balusters of big windows and balconies, sheets hanging out to dry, people walking around the fountain, a dog next to its owner… these are the sights that are being painted in the interior of the plate through which the images pass.

"Pure magic!" a boy who is seeing these projections manages to exclaim.
"The great-grandmother of photography," I say in words so he will understand. "The same one that gave the 'photographic camera' its name."

Family Mischief

You don't take a photograph. You make it.
Ansel Adams

"Take a picture of me!" the kids ask their mother. She, camera in hand, wishes to perpetuate the recently discovered happiness: the little ones are bathed, well combed, dressed and endowed with beauty.

"Why not employ the plural 'take a picture of us,' if you're the same little brothers who just an hour ago were two stinky balls, resisting a bath, ready to squeal...," the old man thinks while he looks unsuccessfully for his glasses to read the newspaper.

"I will make the picture", says the innocent mother, attempting to correct her children's language, who smile, hiding behind them their grandfather's glasses.

Un arbre millénaire

*Le 4 mars
Salut, ma mère et toute la famille,
Je suis en Espagne, spécifiquement
à Tenerife, une île belle. J'ai
découvert une ville, la ville de mes
rêves, la vieille église de San Marcos
et le drago, un arbre millénaire ici.
Je suis très content, mais je ne peux
pas vous oublier.
Une grande accolade depuis
Icod de los Vinos.*
Antoine.

The objective was close to the San Marcos Plaza in Icod de los Vinos, the town with the millennial tree that my French grandfather documented in his memoirs.

The days seemed far away, but their proximity was due to the grandfather's evocation, installed in this place in the Atlantic, where he made his own family, who followed a new travel route through the Caribbean.

Higher up north was the tree, that greatly extended upwards; its gray-toned trunk, wonderfully wrinkled, seemed made of stone. If it were not for the green leaves at its treetop, like umbrellas of a mysterious crown, he would think it were about to die, a ghost gravitating in an ignored purgatory. But the tree lived since God planted its little flowers in this garden and, although on occasion it would bleed, its sap saved mortals, who considered it magic, just like its figure, resistant to the passage of thousands of lives.

There was a time when its resistance, symbol of the village, was put to the test and an avenue next to the trunk was crossed by hundreds of carriages. My grandfather's picture showed his vehicle, a truck of passengers, next to the trunk of little more than seventeen meters, perhaps healthier at that moment, like a youthful visage.

My grandfather was a dreamer and an adventurer. Of an endearing sympathy, tall, not fat nor skinny, with deep eyes and a big mustache, he believed in the strange beauty of the drago. Every time he crossed in front of it, he would whistle. He said that with each whistle a white flower would bloom.

This was the place of his photo, of his silhouette, still youthful, under the posterity of the tree.

In Front of a Studio Photographer

To my brother Eduardo

My mother gave me a kiss the day my father took me to a photographic studio. They planned that on turning one year old, I should get a picture taken next to a little wooden horse… My dad looked at me as he stood next to the photographer, who tried to get a laugh out of me by making faces. He also entered the game. I delayed my smile awhile, but I had the advantage that my older brother did not have, when they celebrated his six months of age and took a picture of him, where he appears with eyes that seem torn and a teethless smile. Me, on the other hand, twelve months old, thought about defeating him, in gradually expanding my lips to show my nascent molars. Then, with my left hand, I managed to say goodbye and, while I hinted a smile, the first one, a pair of little dimples opened on my cheeks.

The Antique in the Trash

Someone has thrown the Bioflex in the trash, my childhood memory, a fistful of illusions that fragments light, that torso of beauty that rebels against indolent ancient marble.

Someone has thrown the Bioflex in the trash and I disapprove of the antique among the useless, those pieces of sepia, vanished beneath the lack of love of a stamp, silhouettes of happiness that passed by in the sketch of time.

Someone has thrown the Bioflex in the trash, my unburied camera, those vestiges of completeness. I extend my hand over the impurities, the colonial, and the sordid, rescuing the cleanest vision…

Índice

Contents

CAAW EDICIONES

2021
caawincmiami@gmail.com

www.ingramcontent.com/pod-product-compliance
Lightning Source LLC
Chambersburg PA
CBHW051842040426
42447CB00006B/663